SMART COOKIE KID

For 3 - 4 year olds

Mary Khalil

Baha Kodir

序文

この発達ワークブックには、お子様の注意力、集中力、多元的知能、視覚的記憶、運動能力、批判的思考、学習能力、問題解決力、創造性などを高めるために設計された、さまざまな魅力的な演習が含まれています。　最適な結果を得るために、お子様には大人の指導の下、これらのアクティビティを順番に定期的に実行することをお勧めします。　この面白くて注意力を高める本のすべての演習には、明確な指示が付いています。　各エクササイズに特定の時間制限はありません。　　最も重要なことは、お子様が問題を解決したり、新しいスキルを学んだりしながら、楽しんで注意を集中できることです。お子様がアクティビティ中に指示がわかりにくいと感じた場合は、シンプルで共感できる説明や例を示して、その混乱を明確にすることが重要です。　　お子様が練習を無事に完了したときに、言葉で積極的に励ますことは、お子様のやる気を引き出す優れた方法です。　たとえば、「素晴らしい仕事をしていますね!」と言うことができます。　または「あなたは信じられないほど素晴らしいです！」

　この本には、特に子供たちの想像力を魅了するよう、注意深く専門知識を駆使して作成された楽しいイラストが掲載されています。これらの優しい芸術作品は、プロのアーティストの才能の結晶です。

　さらに、保護者が家で子供たちと質の高い絆を深められる時間を提供するために、楽しいゲーム ページも追加しました。　これらの楽しいゲームは、きっと思い出に残る瞬間を生み出し、あなたと小さなお子様との強いつながりを育むでしょう。

マジックキューブに表示されていないシンボルを
マークします。

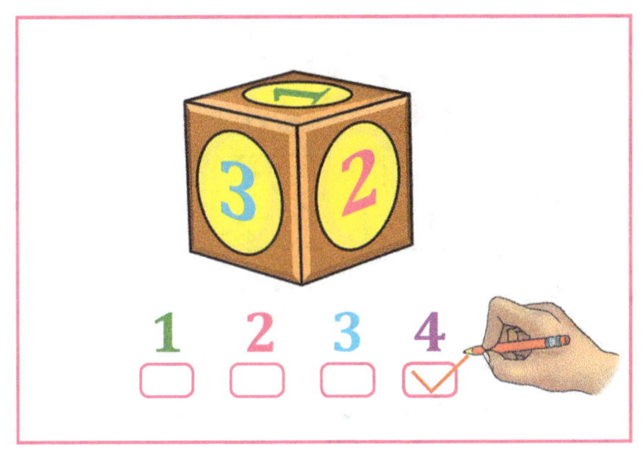

1   2   3   4

星を作るのに必要な2つの部分を見つけてマークします。

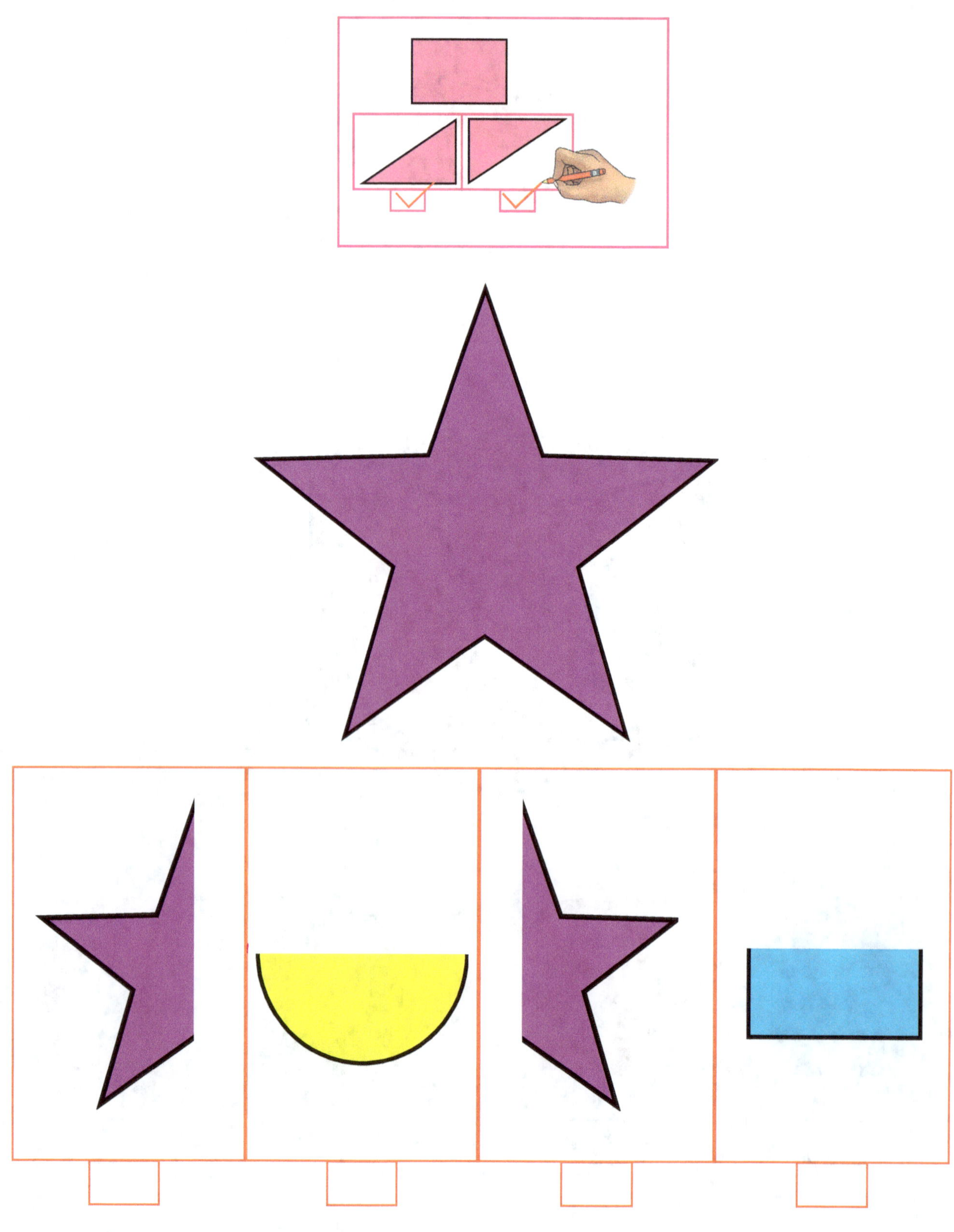

下の羊と牧草地の羊を合わせてください。

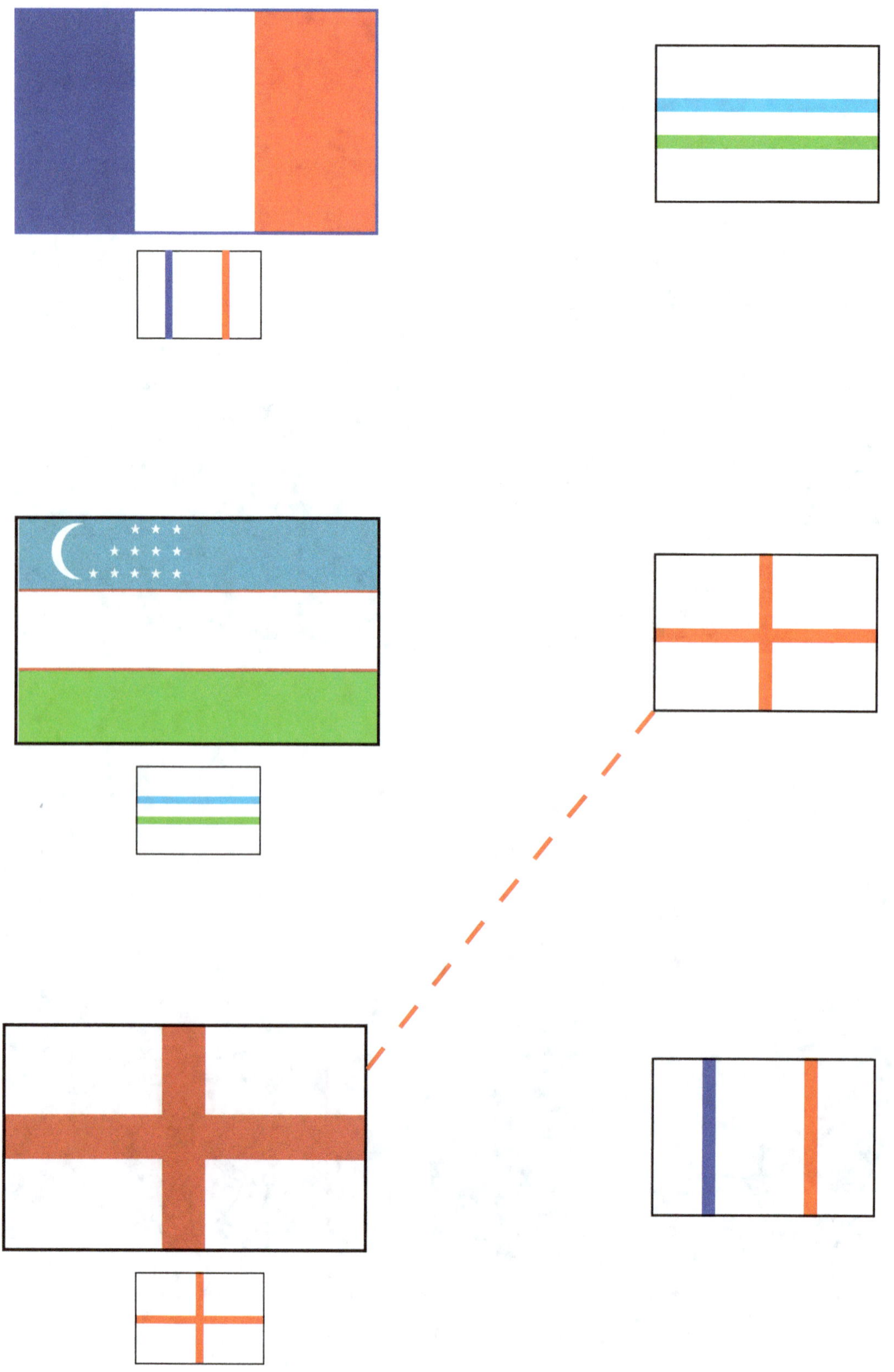

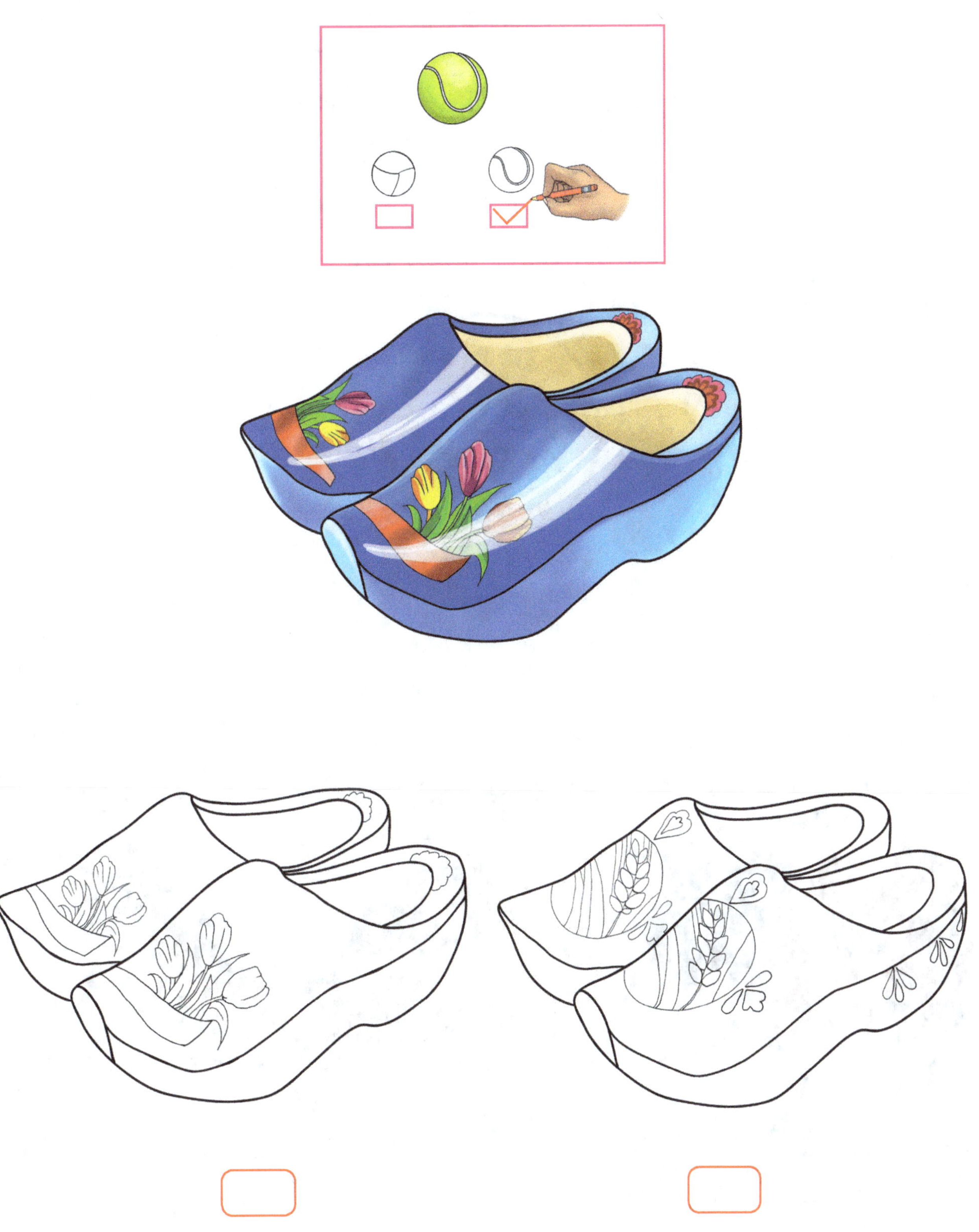

もし下の動物が靴を履いていたとしたら、どの動物にもっ
と靴が必要になるでしょうか?

マークを付けて、絵の中に魔法の立方体が何個あるか見つけてください。

前後の順序に従って写真を照合してください。

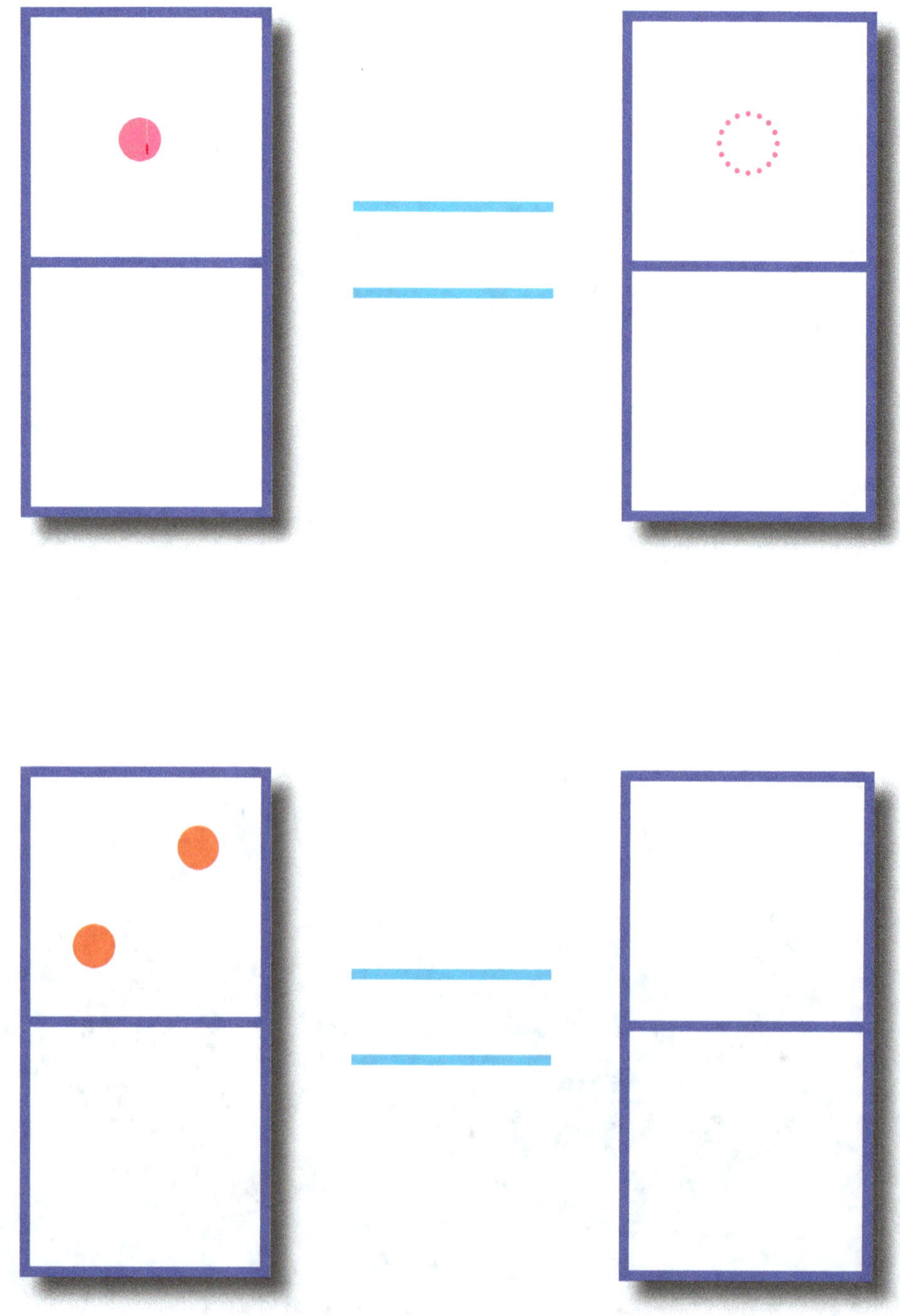

写真内で色の付いていないイースターエッグの形を見つけ
てマークします。

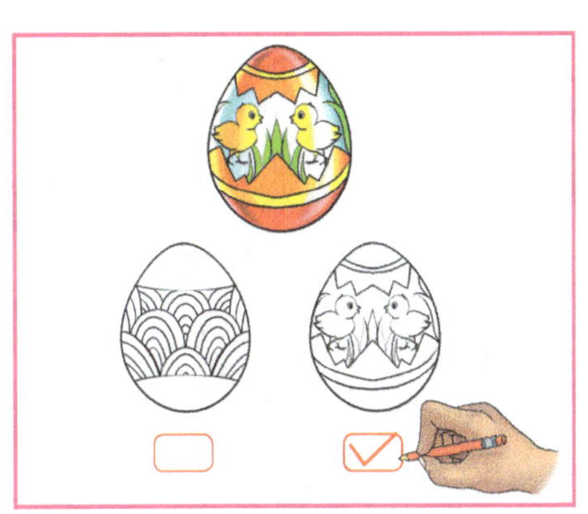

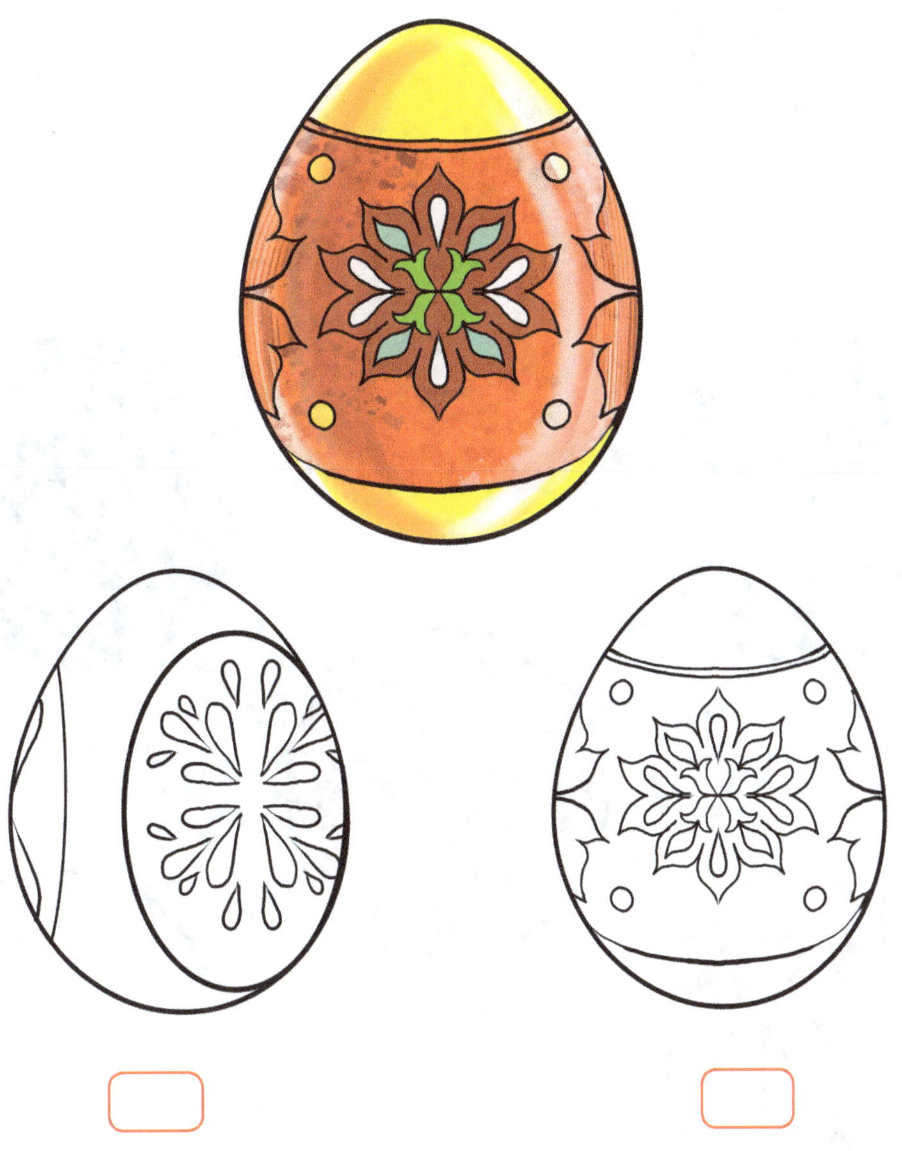

両手で同じ色を同時に見せます。

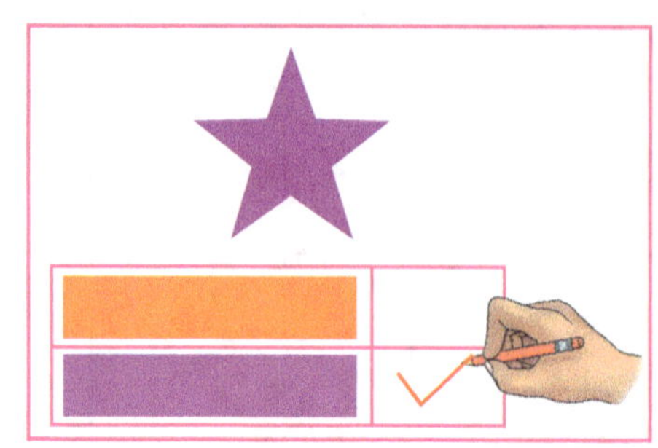

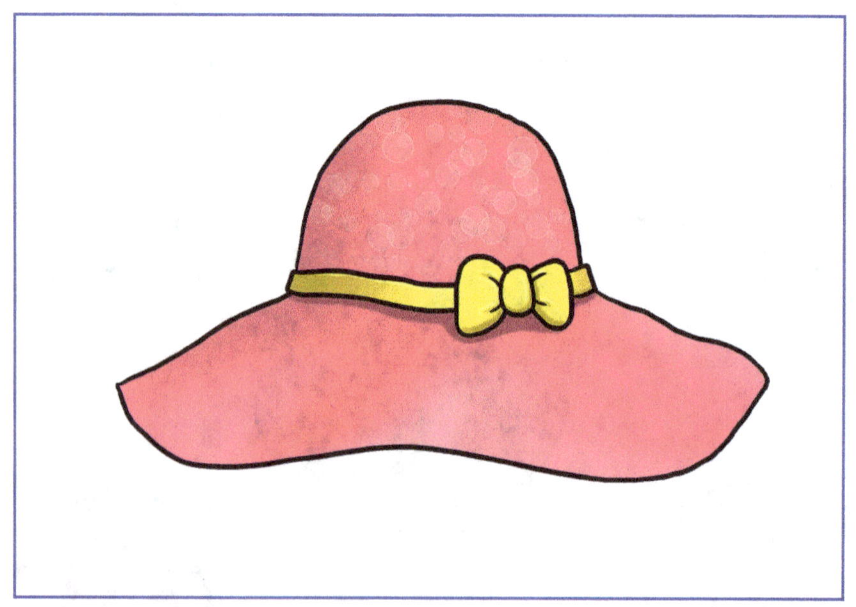

幾何学模様を描画することでオブジェクトに変化させます。

赤ちゃんとのセリフの後は、目の体操をしましょう。この
エクササイズを少なくとも5回繰り返します。

下のボタンも例と同じように縫ってみます。

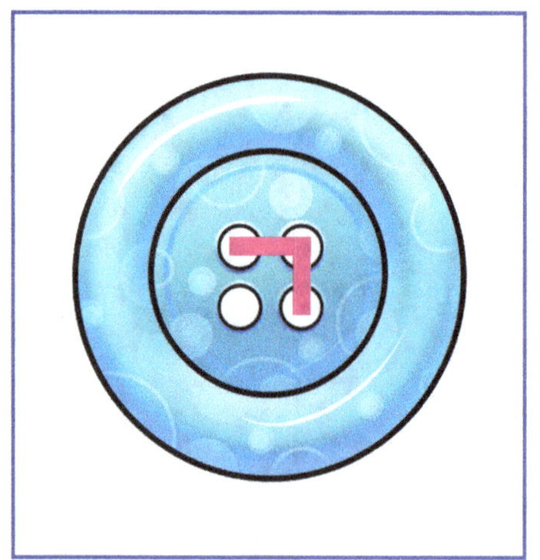 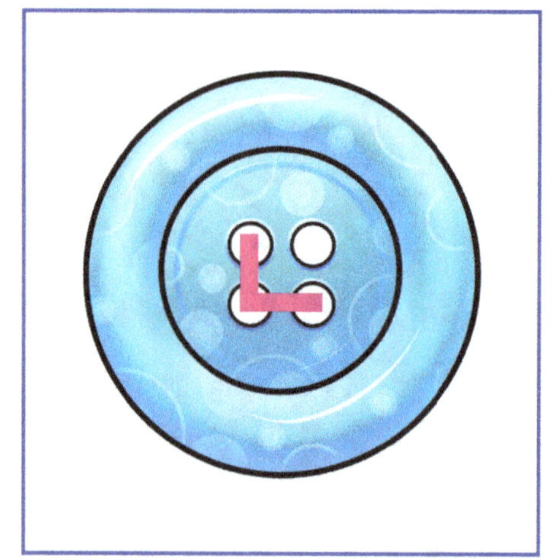

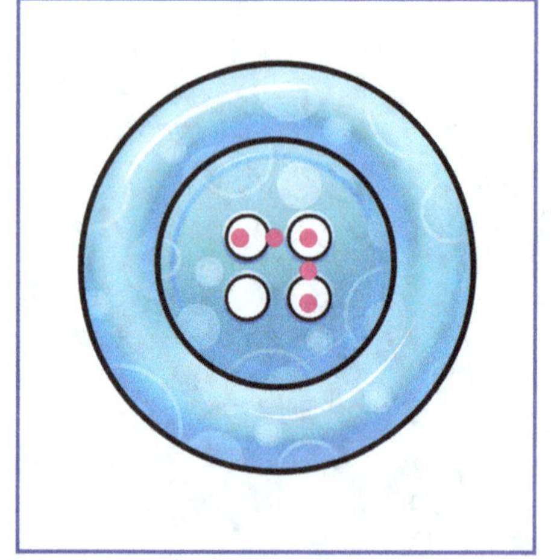 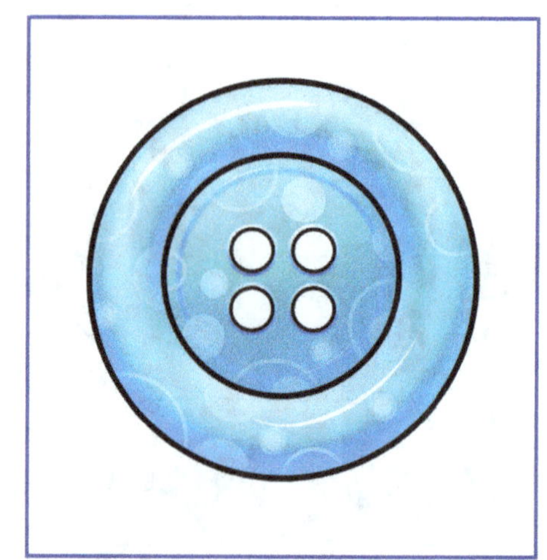

黄色に塗るべきものを見つけてマークします。

同じ船を両手で同時に見せます。

サバンナでミーアキャットの欠けている部分を見つ
けて写真に配置します。

直線を引いて騎手をゴールまで連れて行きましょう。

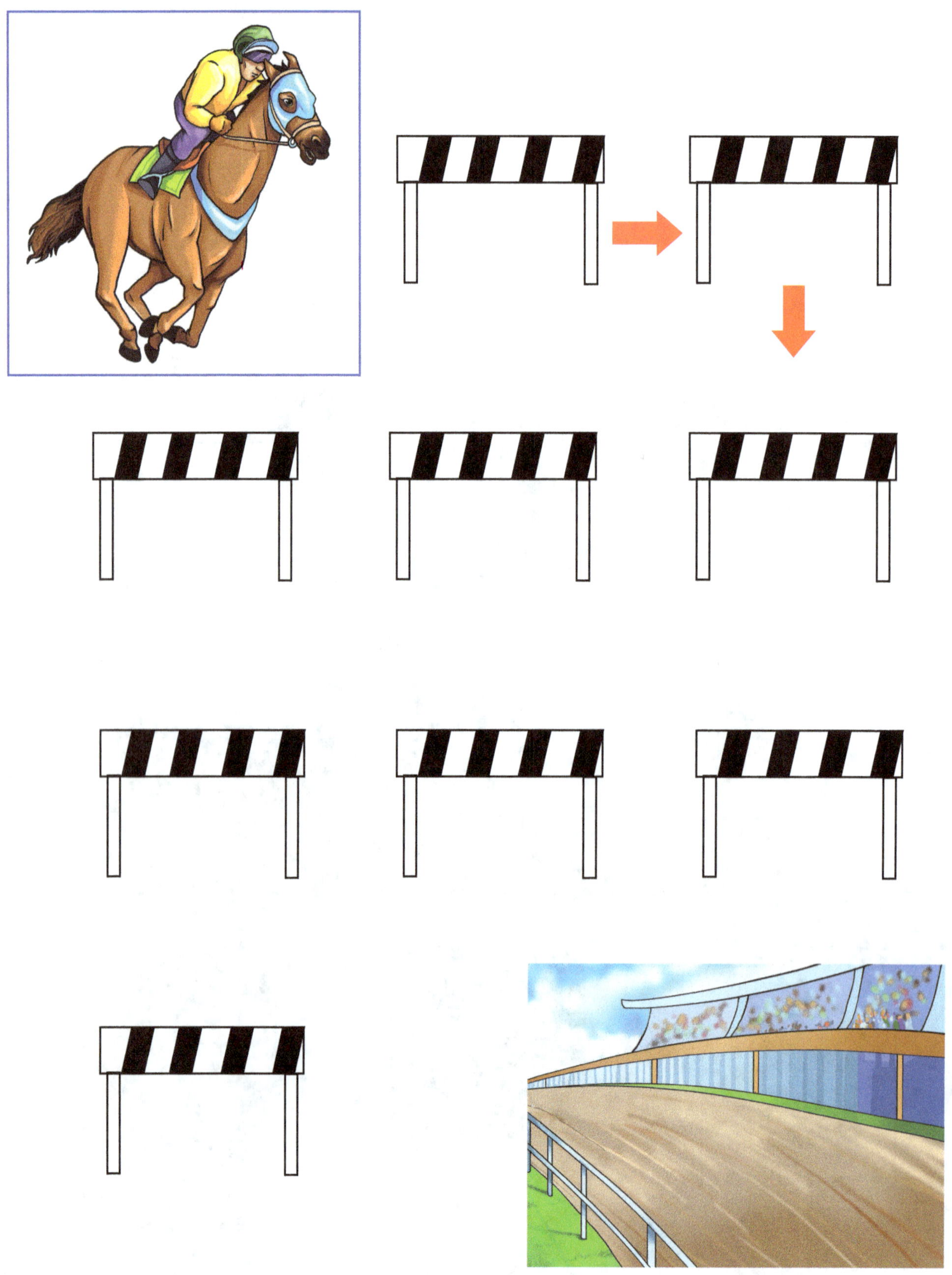

ピノキオのものを見つけてください。

料理人が持っている蓋の下に何があるかを推測して描きます。

絵の中に何匹の動物がいるかを見つけてマークします。

どの人が高齢者であるかを見つけてマークします。

30

それが何だった？

指示:　子供の目を閉じ、一枚の衣服を手に置いて徹底的に感じてもらいます。親は5まで数え、子供の手に持っている衣類と別の衣類を混ぜます。子供は目を開けて、どの衣服を持っているかを確認するように求められます。
提案:　靴下、帽子、手袋などの衣類をいくつか事前に準備してください。

昼と夜の

指導:　昼と夜の遊びの間、大きな布を取り、子供をその布で覆います。布が閉じられると、子供に言葉がかけられます。　「日」という言葉とともに布が取り除かれます。子供は夜に聞いた言葉を繰り返すように言われます。ゲームは順番に続きます。
提案: 小さな布片。